Το Πρώτο μου Βιβλίο

My First Book

Theodore C. Papaloizos, Ph.D.

Copyright © 2007 by Papaloizos Publications, Inc.

ISBN - 13: 978-0-932416-08-7

ISBN - 10: 0-932416-08-X

1st Edition

For more information, please visit www.greek123.com

Please submit changes and report errors to www.greek123.com/feedback

Printed and bound in Korea

Papaloizos Publications, Inc.

11720 Auth Lane

Silver Spring MD 20902

301.593.0652

Table of Contents

Section 1 - Introducing the Alphabet and Basic Words

Section 2 - Introducing Letter Combinations and more Basic Words

Section 3 - The Alphabet and Letter Combinations

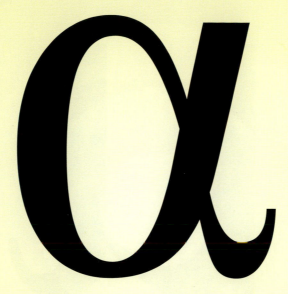

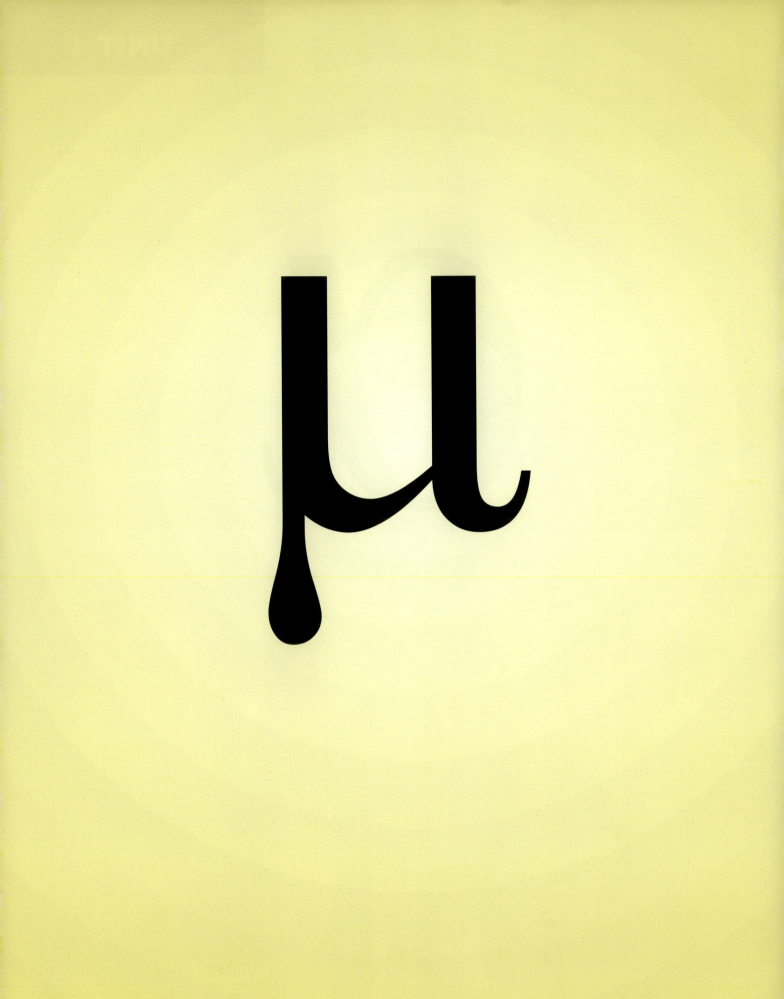

μ α

μ + α = μα

μα

μα μα

μα - μά

μαμά

μαμά

μαμά - *mother*

v

$$\nu \quad \alpha$$

$$\nu + \alpha = \nu\alpha$$

$$\nu\alpha$$

να - here is

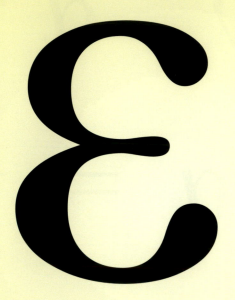

ε   να

έ - να

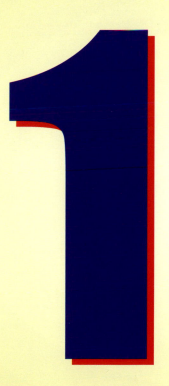 

ένα - one

νι

νά - νι

νάνι

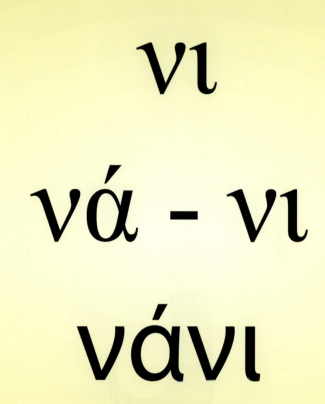

νάνι - *sleep*

15

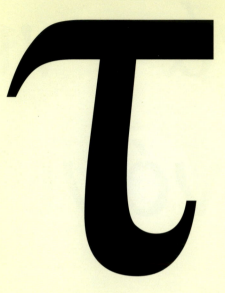

$$\tau \qquad \iota$$

$$\tau + \iota = \tau\iota$$

$$\tau\iota$$

τι – *what*

τι   τι

μά - τι

μάτι

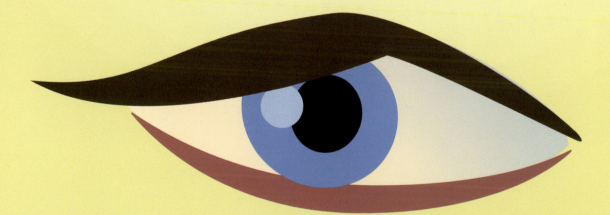

μάτι

ένα μάτι

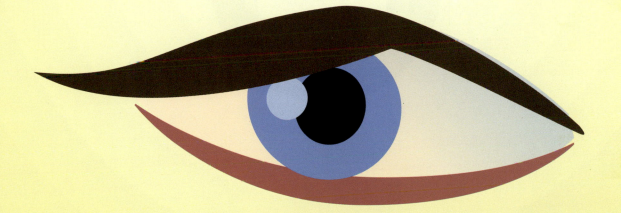

να ένα μάτι

μάτι – *eye*

$$\nu + o = \nu o$$

$$\mu + o = \mu o$$

$$\mu + \alpha = \mu \alpha$$

$$\tau + o = \tau o$$

$$\tau o$$

το - the

νο νο νο

μο μο μο

μα μα μα

o νο μα

ό - νο - μα

όνομα

HELLO
my name is...

Άννα

το όνομα

το όνομα - *name*

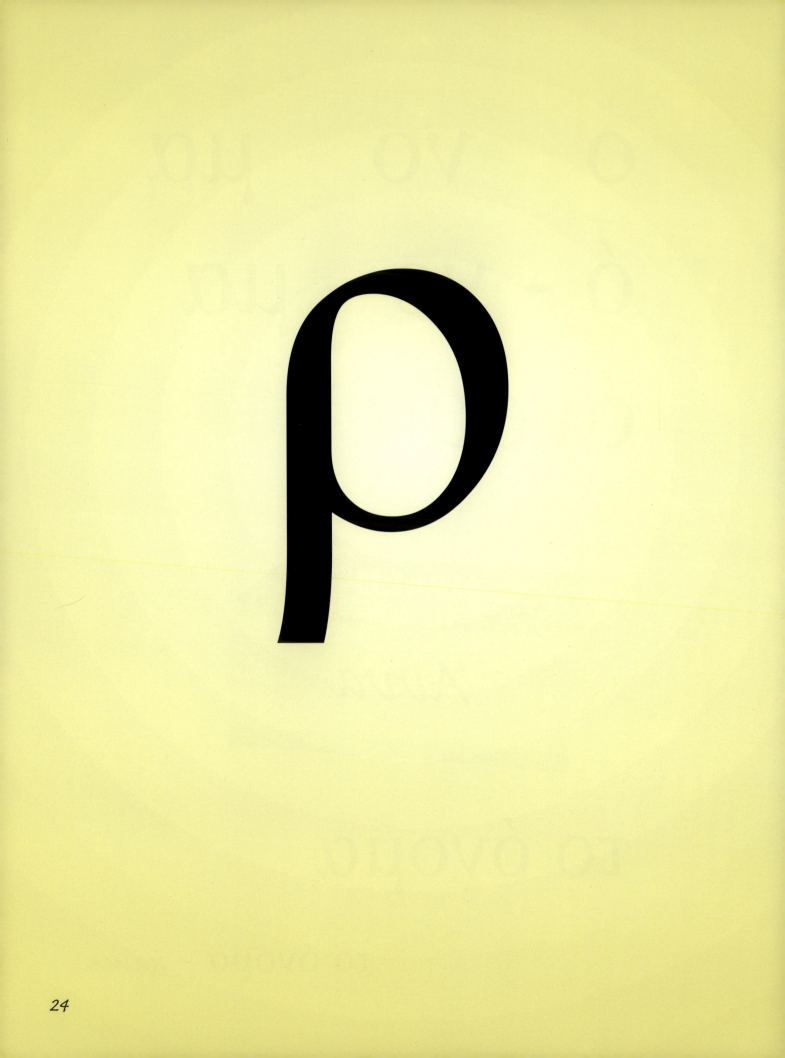

ρ + ο = ρο

ν + ε = νε

ρο   νε   ρο

νε   ρο   νε

νε   ρο

νε - ρό

νερό

νερό

νερό

το νερό

το νερό - *water*

$$\psi + \alpha = \psi\alpha$$

$$\psi + \iota = \psi\iota$$

$$\psi + \varepsilon = \psi\varepsilon$$

$$\psi\alpha \quad \psi\iota \quad \psi\varepsilon$$

$$\psi\varepsilon \quad \psi\iota \quad \psi\alpha$$

ψα   ρι

ψά - ρι

ψάρι

το ψάρι

ένα ψάρι

το ψάρι - *fish*

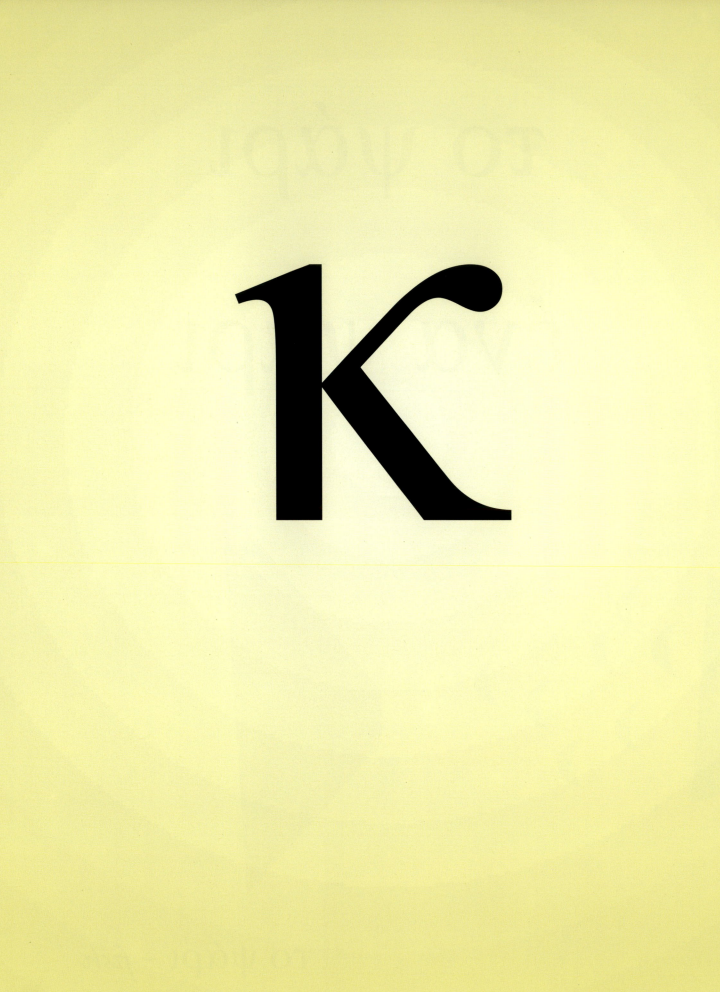

κα κα κε κι
κο τα

κό - τα
κότα
η κότα

η κότα - chicken
η - the

$$\tau + \upsilon = \tau\upsilon$$

$$\rho + \iota = \rho\iota$$

τυ - ρί

τυρί

το τυρί

το τυρί - *cheese*

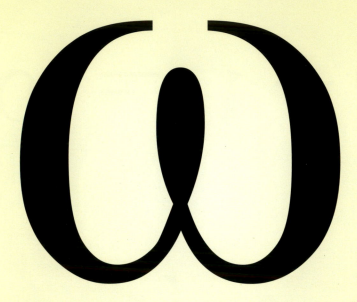

$$\tau + \omega = \tau\omega$$

$$\mu + \omega = \mu\omega$$

$$\nu + \omega = \nu\omega$$

$$\psi + \omega = \psi\omega$$

$$\tau\omega \quad \mu\omega \quad \nu\omega$$

$$\nu\omega \quad \mu\omega \quad \psi\omega$$

ψω   μι

ψω - μί

ψωμί

το ψωμί

ένα ψωμί

το ψωμί - *bread*

39

λ

λε λο νι μο

λε - μό - νι
λεμόνι

το λεμόνι - lemon

το λεμόνι

ένα λεμόνι

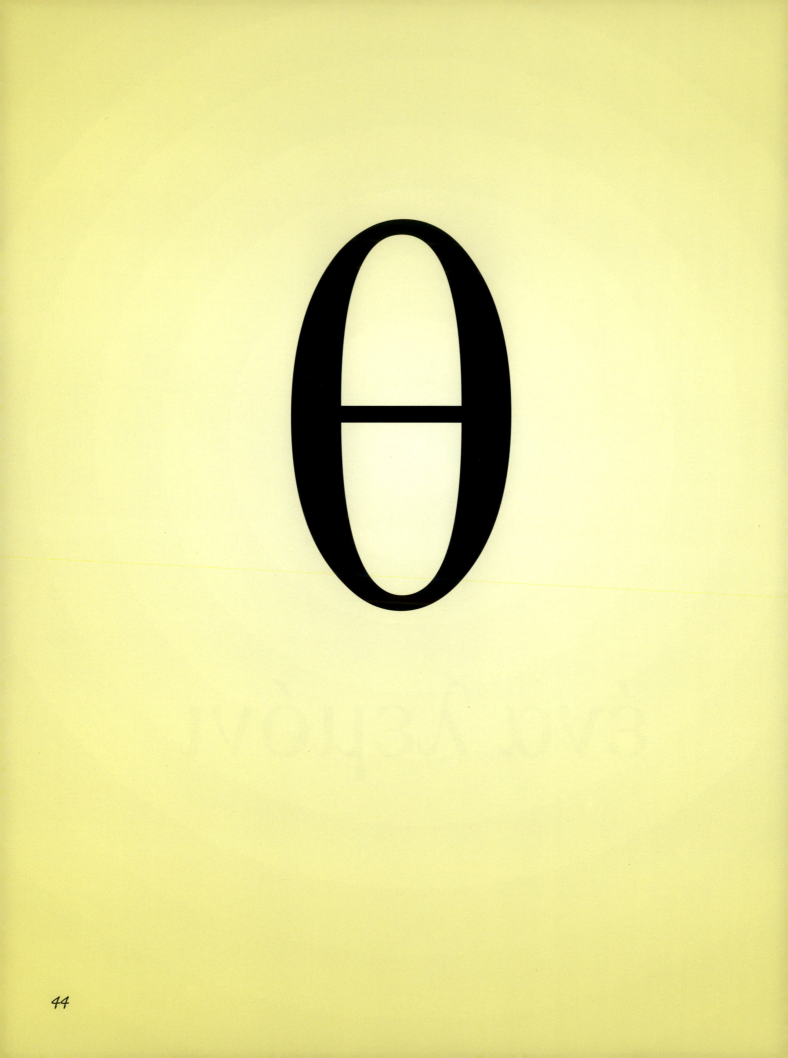

θε θα
θο θι

θέ - λω

θέλω

Θέλω.

θέλω - *I want*

σ

σ σ σ

σα σε σι

σά - λα

σάλα

η σάλα

η σάλα - *living room*

ς ς ς

ος ις ες

Θε - ός

Θεός

ο Θεός

ο Θεός - God

φυ

φο	φω	φε
φυ	φο	φυ
φω	φε	φο

φυ

φο φω φε

φύλ - λο

φύλλο

το φύλλο

ένα φύλλο

το φύλλο - *leaf*

η

νη   μη   λη

μη λο

μή - λο

μήλο

το μήλο - *apple*

το μήλο

ένα μήλο

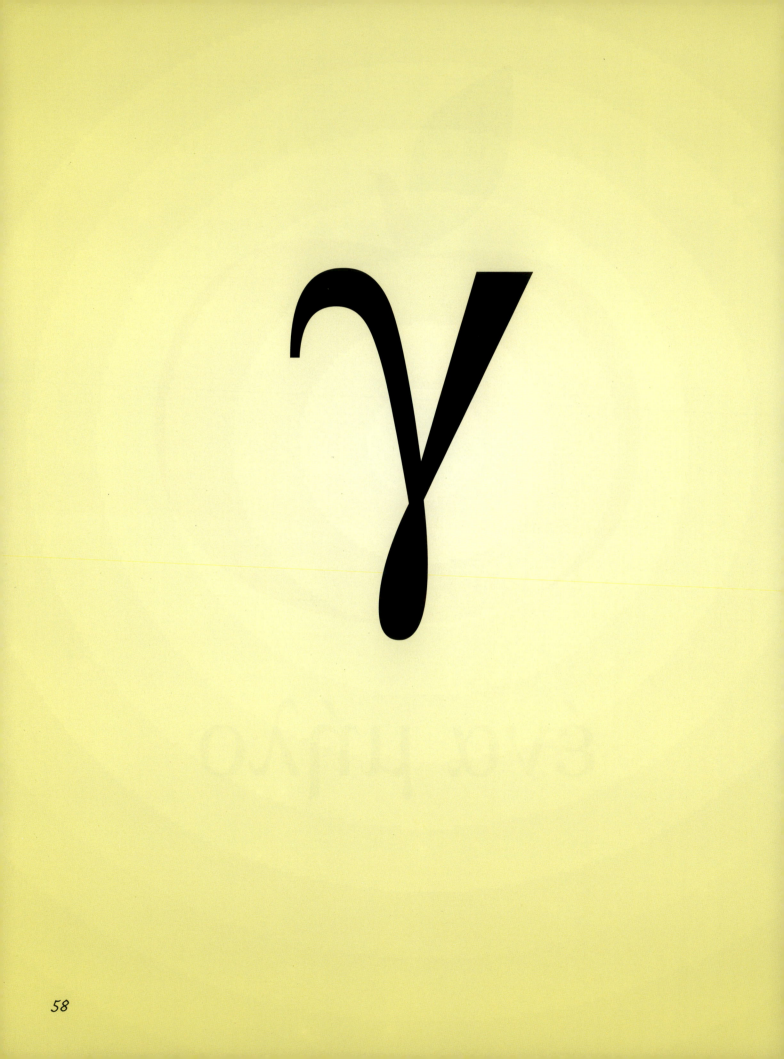

γα γο γι γε
γα λα

γά - λα
γάλα
το γάλα

το γάλα - milk

γά - τα

γάτα

η γάτα

η γάτα - cat

γα - τά - κι

γατάκι

ένα γατάκι

το γατάκι - *kitten*

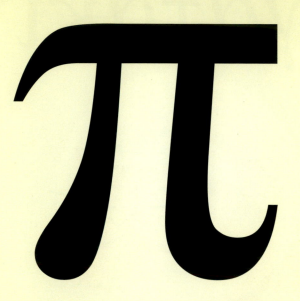

πο πα πε

πο τη ρι

πο - τή - ρι

ποτήρι

το ποτήρι

το ποτήρι - *glass*

63

ένα ποτήρι

ένα ποτήρι γάλα

ένα ποτήρι νερό

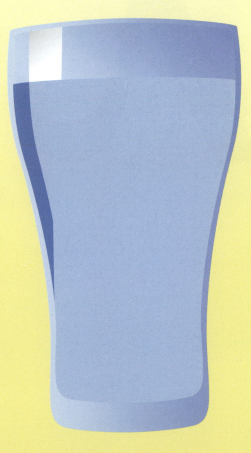

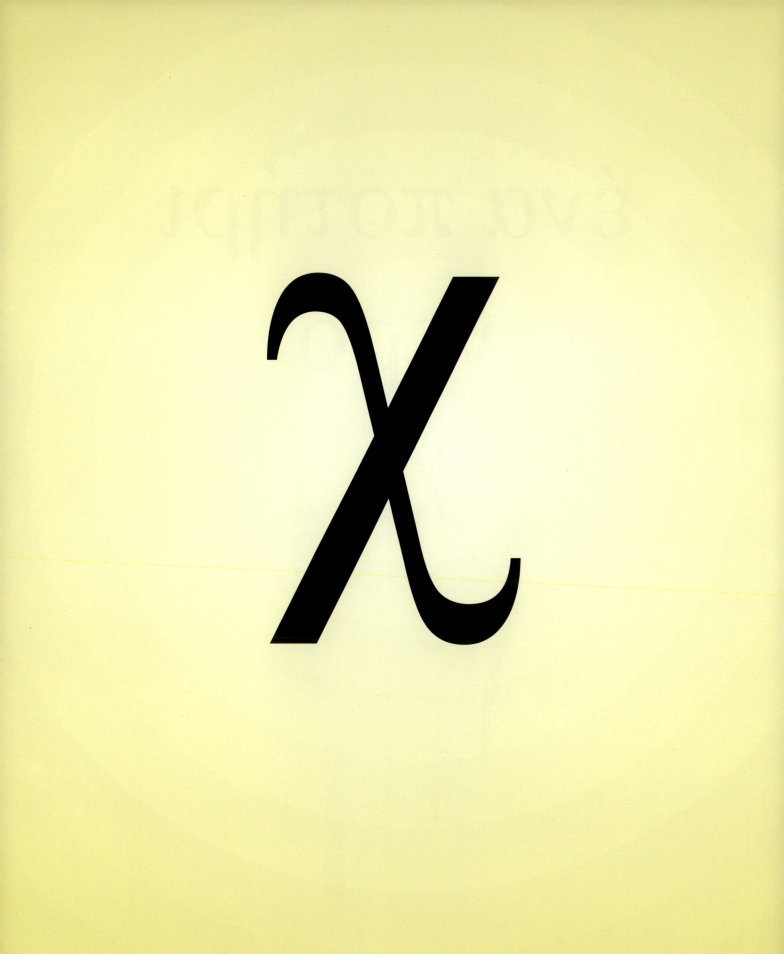

χα   χι

χο   χω

ε   χω

έ - χω   έχω

Έχω.

έχω - *I have*

Έχω ένα ποτήρι γάλα.

Έχω ένα ποτήρι νερό.

δ

δυ δο
δα δε

δύ - ο
δύο
δύο

2

δύο - *two*

δύο

ένα ποτήρι

δύο ποτήρια

72

ένα μήλο

δύο μήλα

ένα λεμόνι

δύο λεμόνια

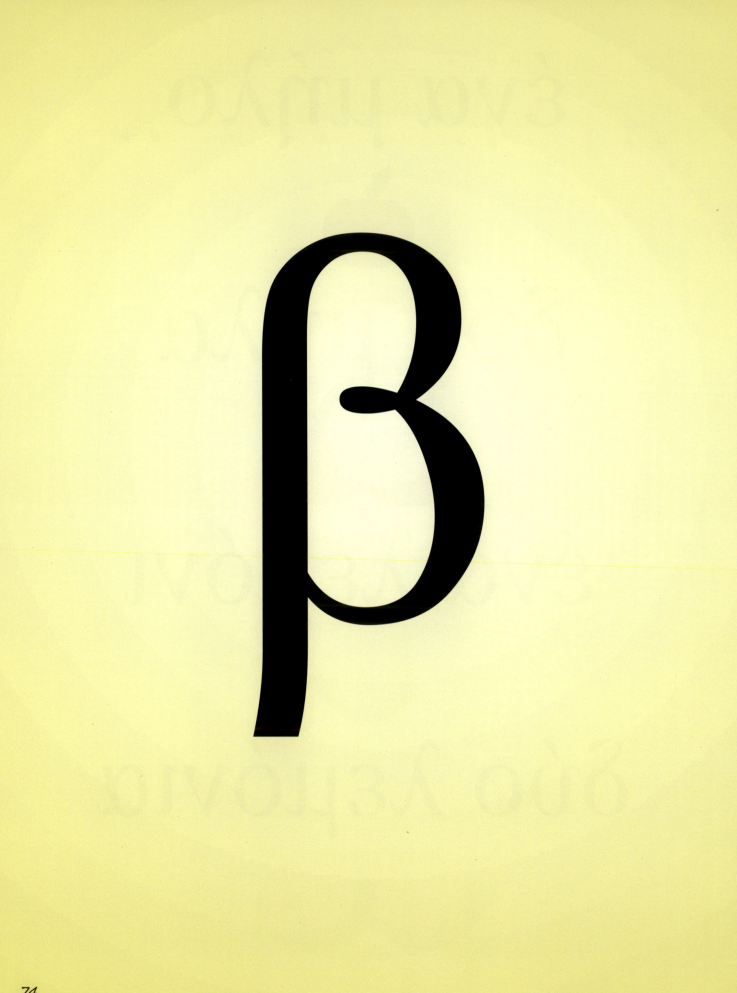

βι βα βο βε

βι βλι ο

βι - βλί - ο

βιβλίο

το βιβλίο - *book*

το βιβλίο

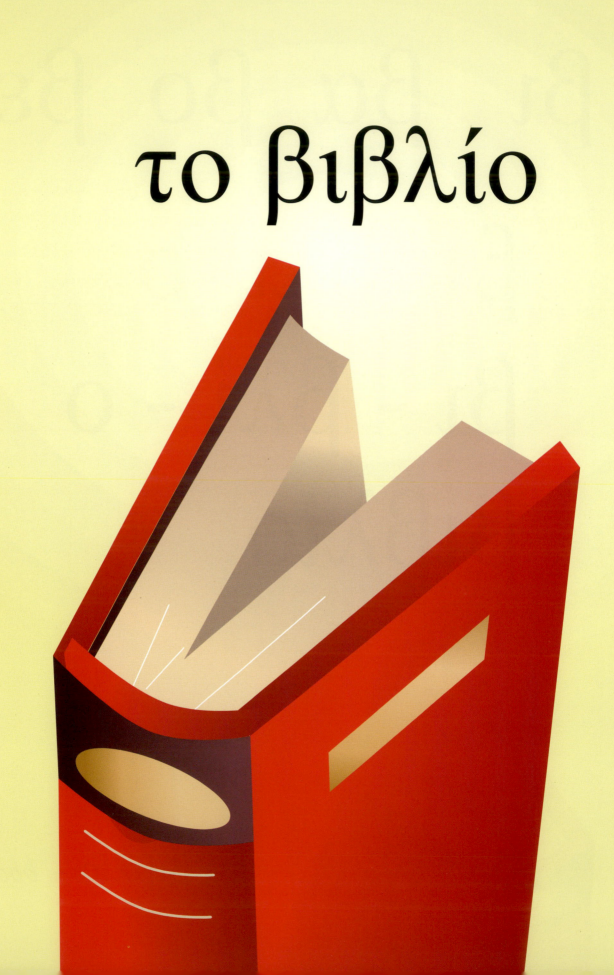

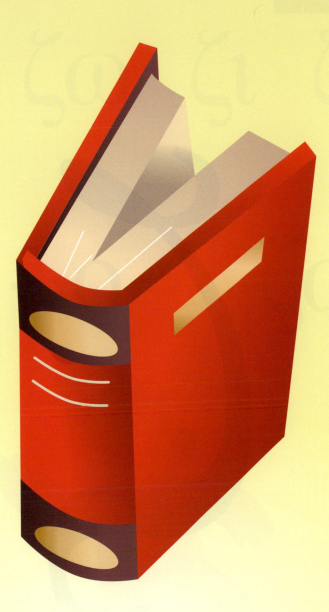

ένα βιβλίο

ξα ξι ξε ξο

ξι - νό

ξινό

ξινό λεμόνι

ξινό μήλο

ξινό - *sour*

μι - κρό

μικρό

 μικρό μήλο

 μικρό ζώο

μικρό λεμόνι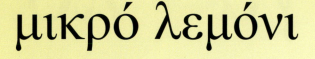

μικρό βιβλίο

μικρά μήλα

μικρά ψάρια

μικρό, μικρά - *small*

με - γά - λο

μεγάλο

μεγάλο μήλο

μεγάλο ποτήρι

μεγάλο βιβλίο

μεγάλο - *big*

85

μεγάλο ψάρι

μεγάλα ψάρια

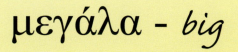

μεγάλα - big

κα - λό

καλό

κα - λή

καλή

καλό βιβλίο

ένα καλό βιβλίο

το καλό βιβλίο

καλό, καλή - *good*

καλό γάλα

το καλό γάλα

γάλ

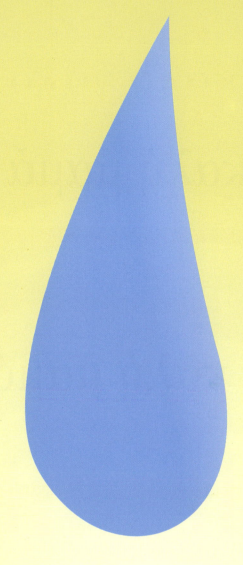

καλό νερό

το καλό νερό

καλή μαμά

η καλή μαμά

μια καλή μαμά

μια - *a, an, one*

92

α - γό - ρι
αγόρι

το αγόρι

ένα αγόρι

ένα μικρό αγόρι

ένα μεγάλο αγόρι

το αγόρι - *boy*

95

τσ

τσα   τσο

τσε   τσι

κο - ρί - τσι

κορίτσι

ένα μικρό κορίτσι

ένα μεγάλο κορίτσι

το κορίτσι - *girl*

μπ

μπα μπε μπα

μπα - μπάς

ο μπαμπάς

ο μπαμπάς - *dad*

98

πα - τέ - ρας

πατέρας

ο πατέρας

ο πατέρας - *father*

99

ένας πατέρας

ένας καλός πατέρας

ο καλός πατέρας

ένας – *a, an, one*

μαμά

μη - τέ - ρα

μητέρα

μια μητέρα

μια καλή μητέρα

η καλή μητέρα

μια καλή μητέρα

η μητέρα
- mother

$$\alpha + \iota = \alpha\iota$$

sounds like
"ε"

ε αι ε

αι ε αι

και

και – *and*

παι και μαι

παι δι

παι - δί

παιδί

το παιδί

ένα παιδί

το παιδί - *child*

ένα
μικρό παιδί

ένα
μεγάλο παιδί

ένα αγόρι και ένα κορίτσι

ο πατέρας και η μητέρα

sounds like
"oo" in book

$$o + \upsilon = o\upsilon$$

μου σου του

που σου που

παπ - πούς

ο παππούς

ο καλός παππούς

ο παππούς - *grandfather*

για - γιά
η γιαγιά

μια καλή γιαγιά

η γιαγιά - *grandmother*

110

ο παππούς και η γιαγιά

τρί - α

τρία

τρία - *three*

τέσ - σε - ρα

τέσσερα

τέσσερα - *four*

113

ντ

ντο ντα ντε

πέ - ντε

πέντε

πέντε - *five*

114

ένα $\qquad$ 1

δύο $\qquad$ 2

τρία $\qquad$ 3

τέσσερα $\qquad$ 4

πέντε $\qquad$ 5

ένα μήλο

δύο μήλα

τρία μήλα

τέσσερα μήλα

πέντε μήλα

ένα φως

δύο φώτα

τρία φώτα

τέσσερα φώτα

πέντε φώτα

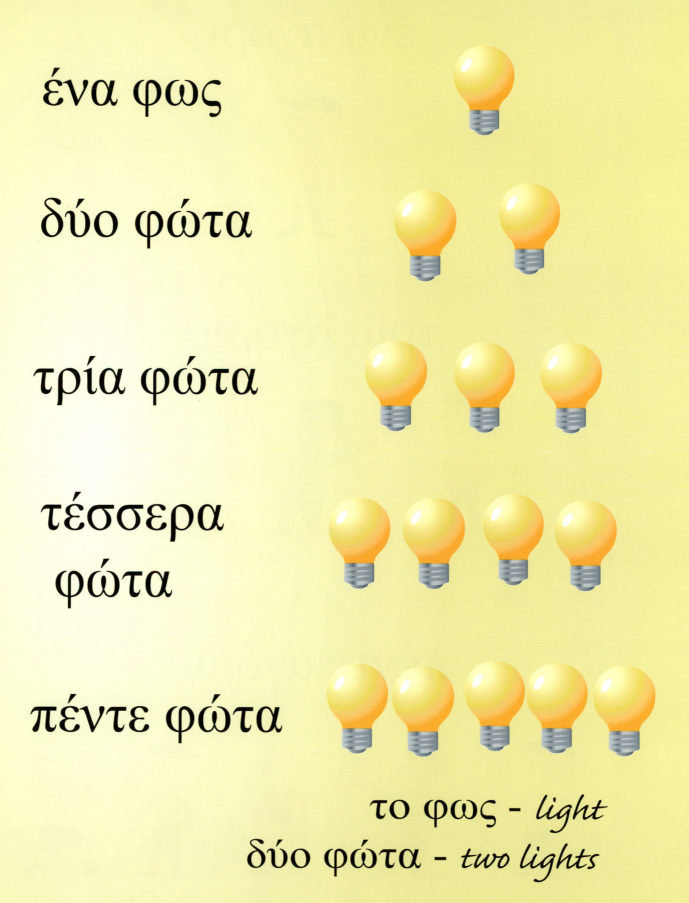

το φως - *light*
δύο φώτα - *two lights*

117

ένα αγόρι

τρία αγόρια

πέντε αγόρια

δύο κορίτσια

τέσσερα κορίτσια

ένα κορίτσι

ά - σπρο

άσπρο

άσπρο γάλα

το άσπρο γάλα

άσπρο - *white*

120

χιό - νι
χιόνι

το άσπρο χιόνι

το άσπρο φως

το χιόνι - *snow*

ΚΌΚ - ΚΙ - ΝΟ

ΚΌΚΚΙΝΟ

κόκκινο μήλο

το κόκκινο μήλο

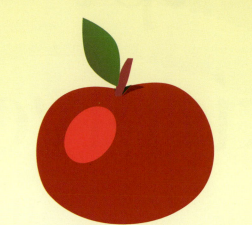

δύο κόκκινα μήλα

κόκκινο φως
ένα κόκκινο φως

κόκκινο - *red*

κί - τρι - νο

κίτρινο

κίτρινο λεμόνι

ένα κίτρινο λεμόνι

κίτρινο - *yellow*

πρά - σι - νο

πράσινο

πράσινο φύλλο

ένα πράσινο φύλλο

δύο πράσινα φύλλα

πράσινο - *green*

125

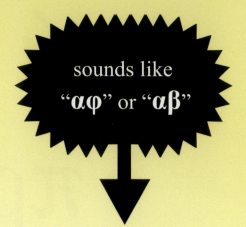
sounds like "αφ" or "αβ"

$$\alpha + \upsilon = \alpha\upsilon$$

$$\alpha\upsilon - \tau\acute{o}$$

$$\alpha\upsilon\tau\acute{o}$$

αυτό το αγόρι

αυτό το κορίτσι

αυτό το μήλο

αυτό - *this*

μαύ - ρο

μαύρο

μαύρο βιβλίο

ένα μαύρο βιβλίο

το μαύρο βιβλίο

μαύρο - *black*

μο - λύ - βι

μολύβι

το μολύβι
ένα μολύβι
ένα μαύρο μολύβι

ένα κόκκινο
μολύβι

ένα πράσινο
μολύβι

δύο μολύβια

δύο μαύρα
μολύβια

τρία κόκκινα
μολύβια

το μολύβι - *pencil*

μπλε

γα - λα - νός

γαλανός

γαλανός, μπλε - *blue*

ου - ρα - νός

ουρανός

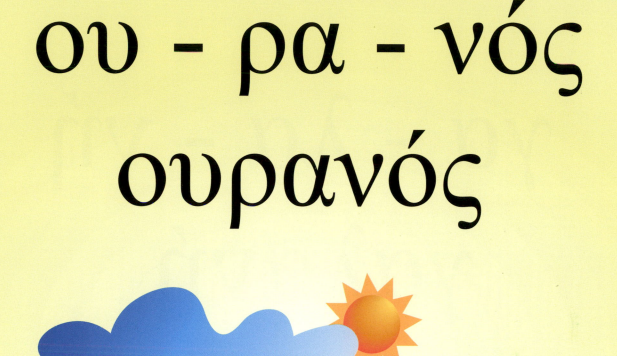

ο μπλε ουρανός

ο γαλανός ουρανός

ο ουρανός - *sky*

133

γα - λα - νή
γαλανή

γαλανή - *blue*

θά - λασ - σα
θάλασσα

η γαλανή θάλασσα

η μπλε θάλασσα

η θάλασσα - *sea*

χέ - ρι
χέρι

το χέρι

ένα χέρι

δύο χέρια

Έχω δύο χέρια.

το χέρι - *hand*

136

πό - δι

πόδι

το πόδι
ένα πόδι

δύο πόδια
Έχω δύο πόδια.

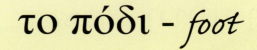

το πόδι - *foot*

137

μύ - τη

μύτη

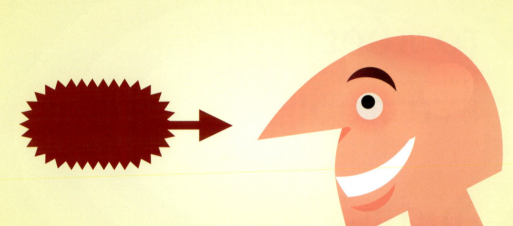

η μύτη
μια μύτη
Έχω μια μύτη.

η μύτη - *nose*

138

στό - μα

στόμα

το στόμα

Έχω ένα στόμα.

το στόμα - *mouth*

μαλ - λιά

μαλλιά

τα μαλλιά

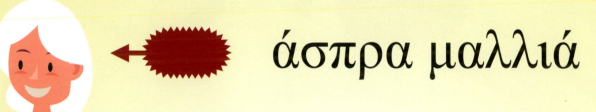 άσπρα μαλλιά

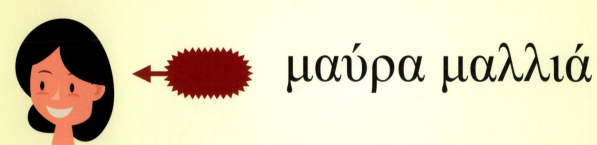 μαύρα μαλλιά

τα - *the*
τα μαλλιά - *hair*

140

αυ - τί
αυτί

το αυτί

ένα αυτί

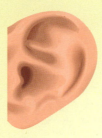

Ένα μικρό αυτί.

Ένα μεγάλο αυτί.

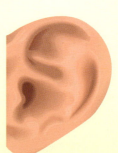

το αυτί - *ear*

141

Έχω δύο μάτια.

Έχω μια μύτη.

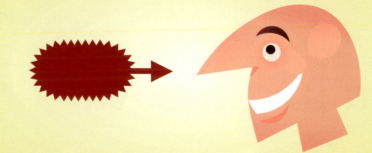

Έχω δύο αυτιά.

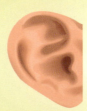 

Έχω ένα στόμα.

Έχω πολλά μαλλιά.

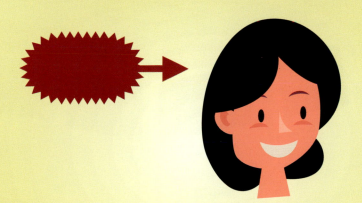

πολλά - *much*

sounds like
"ι"

$$\varepsilon + \iota = \varepsilon\iota$$

144

μει   λει
βει   δει

σχο - λεί - ο
σχολείο

το σχολείο

το σχολείο - *school*

εί - μαι
είμαι

Είμαι ένα κορίτσι.

Είμαι ένα αγόρι.

Είμαι μικρό αγόρι.

Είμαι μεγάλο αγόρι.

είμαι - *I am*

εί - ναι
είναι

Τι είναι; *what is it?*

Είναι ένα μήλο.

Τι είναι αυτό;

Αυτό είναι ένα μήλο.

είναι - *it is*

Τι είναι αυτό;

Αυτό είναι ένα λεμόνι.

Τι είναι αυτό;

Αυτό είναι ένα αγόρι.

Τι είναι αυτό;

Αυτό είναι ένα κορίτσι.

Τι είναι αυτό;

Αυτό είναι ένα βιβλίο.

πί - νω

πίνω

Πίνω.

Πίνω νερό.

Πίνω γάλα.

Πίνω ένα ποτήρι γάλα.

πίνω – *I drink*

τρώ - ω
τρώω
Τρώω.

Τρώω τυρί.

τρώω - *I eat*

Τρώω ένα ψάρι.

Τρώω ψωμί.

Τρώω ένα μήλο.

Θέλω ένα μήλο.

Έχω ένα μήλο.

Τρώω ένα μήλο.

Θέλω κρύο γάλα.

Έχω κρύο γάλα.

Πίνω κρύο γάλα.

κρύο - *cold*

157

έ - ξι
έξι

6

ε - φτά
εφτά

7

ο - χτώ
οχτώ

8

εν - νιά
εννιά

9

δέ - κα
δέκα

10

$\varepsilon + \upsilon = \varepsilon\upsilon$ ← sounds like "εφ"

ευ - χα - ρι - στώ

ευχαριστώ

πα - ρα - κα - λώ

παρακαλώ

παρακαλώ - *please*
ευχαριστώ - *thank you*

μά - λι - στα

μάλιστα

ναι

ό - χι

όχι

μάλιστα, ναι - *yes*

όχι - *no*

κα - λη - μέ - ρα

καλημέρα

κα - λη - σπέ - ρα

καλησπέρα

καλημέρα - *good morning*
καλησπέρα - *good evening*

κα - λη - νύ - χτα

καληνύχτα

χαί - ρε - τε

χαίρετε

καληνύχτα - *good night*
χαίρετε - *hello*

Θε - ός

Θεός

ει - κό - να

εικόνα

ο Θεός - *God*

η εικόνα - *icon*

Πα - να - γί- α
Παναγία

Χρι - στός
Χριστός

ο Χριστός - *christ*
η Παναγία - *Virgin Mary*

εκ - κλη - σί - α

εκκλησία

η εκκλησία - *church*

σταυ - ρός

σταυρός

κε - ρί

κερί

ο σταυρός - *cross*
το κερί - *candle*

The Alphabet - Το αλφάβητο

Αα	άλφα	Νν	νι
Ββ	βήτα	Ξξ	ξι
Γγ	γάμα	Οο	όμικρο
Δδ	δέλτα	Ππ	πι
Εε	έψιλο	Ρρ	ρο
Ζζ	ζήτα	Σσς	σίγμα
Ηη	ήτα	Ττ	ταυ
Θθ	θήτα	Υυ	ύψιλο
Ιι	γιώτα	Φφ	φι
Κκ	κάπα	Χχ	χι
Λλ	λάμδα	Ψψ	ψι
Μμ	μι	Ωω	ωμέγα

Letter Combinations:

αι   ει   ου   αυ   ευ   τσ   μπ   ντ

We Would Love to Hear From You

Visit www.greek123.com

- New Products & Latest Releases
- Online Lesson Samples
- Teacher Support
- Feedback

Papaloizos PUBLICATIONS